La guerra de Secesión se avecina

Christi E. Parker, M. A. Ed.

Índice

Comienzan los conflictos

Durante el siglo xix, los pobladores de Estados Unidos estaban divididos. Uno de los principales problemas que dividían a la nación era la esclavitud. Los sureños no querían cambiar su forma de vida. Los esclavos hacían gran parte del trabajo físico en las **plantaciones**. Algunas personas del Norte creían que no se debía continuar usando a los esclavos. Este desacuerdo originó muchos otros problemas en el país.

El Congreso intentó evitar una guerra mediante **compromisos**. Pero los compromisos no eran suficientes. En 1860, los sureños estaban enfadados porque Abraham Lincoln había sido elegido presidente. Los estados comenzaron a **separarse** de la Unión. Una guerra civil estaba por comenzar.

▼ Las plantaciones eran importantes para el Sur.

Intentos de compromiso

En el siglo xix, la vida en el Norte era muy diferente de la del Sur. El asunto de la esclavitud afectaba muchos aspectos de la vida. Era importante para todos que la cantidad de estados esclavistas y estados libres fuera la misma.

Se habían formado nuevos **territorios** a medida que las personas colonizaban la tierra del Oeste. Luego, cuando crecieran, los territorios podrían convertirse en nuevos estados. Cuando se agregaba un nuevo estado a la Unión, se sumaban nuevos **representantes** al Congreso.

¿Quién lo escribió?

Se dice que Henry Clay fue el autor del compromiso de Misuri. Pero Jesse Thomas de Illinois es, de hecho, quien escribió la mayor parte. Clay recibió el crédito porque ayudó a que se aprobara el proyecto de ley.

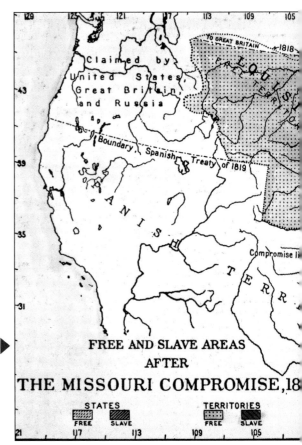

▶ Este mapa muestra cómo el compromiso afectó a Estados Unidos.

FREE AND SLAVE AREAS
AFTER
THE MISSOURI COMPROMISE, 18

Los habitantes de Misuri querían que su territorio se convirtiera en estado. Misuri podría entrar a la Unión como estado esclavista o como estado libre. Los sureños no querían que el Norte tuviera más votos en el Congreso. Los habitantes del Norte no querían que la esclavitud se extendiera más hacia el Oeste.

En 1820, a Henry Clay de Kentucky se le ocurrió un plan. Misuri ingresó a la Unión como estado esclavista. La región de Maine se separó de Massachusetts. Después, se convirtió en un estado libre. De allí en adelante, todos los territorios que estaban encima de la frontera sur de Misuri serían libres. Todos los territorios que estaban debajo de la frontera sur del nuevo estado serían esclavistas. Esto se llamó el compromiso de Misuri.

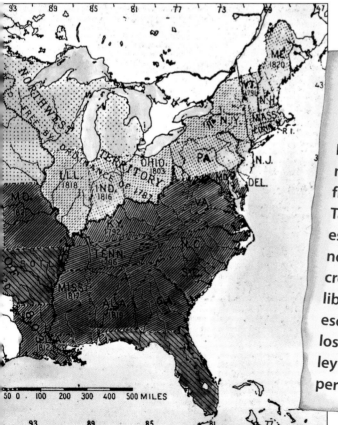

El primer proyecto de ley

El compromiso de Misuri no fue el primer intento de firmar un compromiso. James Tallmadge de Nueva York escribió un proyecto de ley que no permitiría que la esclavitud creciera en Misuri. También liberaba a todos los hijos de esclavos de Misuri al cumplir los 25 años. Este proyecto de ley fue aprobado en la Cámara, pero no en el Senado.

Se firma otro compromiso

En 1850, el territorio libre de California estaba listo para formar parte de la Unión. Esto significaría que los estados libres superarían en cantidad a los estados esclavistas en el Congreso. Los sureños temían que el Congreso le pusiera fin a la esclavitud. Una vez más, Henry Clay se puso a trabajar en un compromiso. Ayudó a escribir el compromiso de 1850.

El mercado de esclavos más grande

Cuando se escribió el compromiso de 1850, Washington D. C. tenía el mercado de esclavos más grande de Estados Unidos. Allí se traficaban más esclavos que en cualquier otro lugar.

▲ Henry Clay se dirige al Senado en 1850

Casa de subasta ▶ de esclavos

En este compromiso, California ingresaba a la Unión como estado libre. Los habitantes de Utah y Nuevo México decidirían si querían ser estados libres o esclavistas. Se implementó la ley de esclavos fugitivos. Y se prohibió el tráfico de esclavos en Washington D. C.

La ley de esclavos fugitivos establecía que todos los esclavos fugitivos debían ser regresados a sus propietarios. Cualquiera que ayudara a un esclavo, podría ir a prisión o tener que pagar una multa.

▲ Después de la ley de esclavos fugitivos, los negros corrían peligro de volver a ser esclavos.

El Ferrocarril Subterráneo

Gran parte del compromiso de 1850 ayudó a la causa contra la esclavitud. No obstante, la ley de esclavos fugitivos ayudó a los dueños de esclavos. Años antes, se había creado una ruta desde el Sur hacia el Norte. La ruta se conocía como el "Ferrocarril Subterráneo". El Ferrocarril Subterráneo se usaba cada vez más a causa de la ley de esclavos fugitivos.

▲ Frederick Douglass (centro) y otros ayudaron a los negros en Estados Unidos

Personas contra la esclavitud

No todos en el Norte querían ponerle fin a la esclavitud.
A muchos no les agradaba la esclavitud, pero no los afectaba.
Se preocupaban principalmente por sus propias vidas.

Otros querían que la esclavitud terminara pronto, incluso
si eso significaba ir a la guerra. Estas personas se llamaron
abolicionistas.

Frederick Douglass fue un conocido abolicionista negro. Nació esclavo, pero huyó cuando era adolescente. Douglass escribió sobre su vida, dio discursos y publicó un periódico.

William Lloyd Garrison fue un abolicionista blanco. Fue a prisión muchas veces por hablar en contra de la esclavitud. Garrison publicó un periódico llamado *The Liberator*. Quería ponerle fin a la esclavitud. No obstante, Garrison no quería que el país fuera a la guerra.

▼ Esta es una copia del periódico de Garrison de abril de 1864.

William Lloyd Garrison

Quema de la Constitución

Garrison una vez quemó una copia de la Constitución de Estados Unidos en público. Consideraba que el documento fomentaba la esclavitud. Esto escandalizó a mucha gente.

El libro que armó un alboroto

Harriet Beecher era hija de un famoso predicador. Predicaba contra la esclavitud. Harriet era una de sus 11 hijos. Muchos de los niños siguieron los pasos de su padre. También hablaban contra la esclavitud.

En 1836, Harriet se casó con Calvin Stowe. Era profesor y escritor. Quería que su esposa también escribiera. Harriet escribió muchos libros, pero es más conocida por *La cabaña del tío Tom*. El libro cuenta la vida de dos familias de esclavos. Cuenta muchos aspectos buenos y malos de lo que occurría en la esclavitud.

Lincoln conoce a Stowe

Se dice que, al conocer a Stowe en una recepción en la Casa Blanca, Abraham Lincoln dijo: "¡Así que esta es la pequeña dama que empezó esta gran guerra!".

Harriet Beecher Stowe ▶

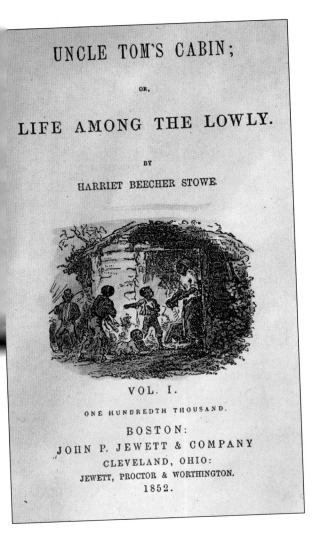

La reacción del Sur

La cabaña del tío Tom enfadó a muchos en el Sur. Algunos sureños estaban tan enfadados que hasta podían enviar a prisión a cualquiera que descubrieran con el libro.

Al principio, la historia se imprimió durante 40 semanas en un periódico. Los capítulos se leían semanalmente en los hogares de todo el país. El libro completo se imprimió en marzo de 1852. *La cabaña del tío Tom* inmediatamente rompió todos los récords de venta. Para 1857, se habían vendido 50,000 copias.

Esta historia ayudó a la causa contra la esclavitud. Fue más significativa que las protestas y los sermones. El libro tenía un estilo personal, personajes interesantes y escenarios cotidianos. Esto hizo que el libro fuera muy popular, especialmente en el Norte.

Kansas sangriento

Una vez que los territorios tenían suficientes habitantes, podían convertirse en estados. En 1854, los territorios de Kansas y Nebraska ya estaban listos para unirse a la Unión. El Congreso promulgó la ley de Kansas-Nebraska. Esta ley estipulaba que las personas en las áreas podrían votar para decidir si sus estados serían libres o esclavistas. Sin embargo, esta ley rompía el compromiso de Misuri. Estos dos estados debían ser estados libres. Esto enfadó a muchas personas.

El pueblo de Nebraska votó para convertirse en estado libre. La mayoría de la población del área era del Norte. Así que, era de esperar que decidieran no tener esclavos.

Kansas está al lado de Misuri, un estado esclavista. No estaba claro si la gente haría que fuera un estado esclavista o un estado libre. Personas del Sur y del Norte viajaron a Kansas. A pesar de

Personas de Misuri ▶
viajaron a Kansas a
votar ilegalmente.

▲ Estos hombres votaron en la votación de Kansas.

Se exaltan los ánimos

En esta época, los hombres del Congreso debatían con frecuencia sobre la esclavitud. Preston Brooks de Carolina del Sur y Charles Sumner de Massachusetts comenzaron a discutir. Brooks estaba enfadado por un discurso que Sumner había dado contra la esclavitud. Entonces, Brooks golpeó a Sumner con un bastón. A pesar de que Sumner sobrevivió, ya no pudo seguir trabajando en el Congreso.

que no vivían en Kansas, votaron. Según los votos, Kansas se convirtió en un estado esclavista.

Los norteños se negaron a aceptar el voto. Las peleas por los resultados de la votación generaron violencia. Se libraron muchas batallas pequeñas y murió gente. El territorio pronto fue conocido como "Kansas sangriento". No fue hasta 1861 que Kansas finalmente se convirtió en un estado libre.

FRANK LESLIE'S ILLUSTRATED NEWSPAPER

No. 82.—VOL. IV.]

NEW YORK, SATURDAY, JUNE 27, 1857.

[Price 6 Cents.

Artículo de 1857 sobre la vida de Dred Scott con imágenes de su familia

Libertad para Dred Scott

Dred Scott fue esclavo hasta después de que trataran su caso en la Corte Suprema. En ese momento, un abolicionista compró a Scott y a su esposa. Luego, los liberó. Dred Scott murió nueve meses después.

El caso Dred Scott

Dred Scott era un esclavo. Su dueño era un médico del ejército que vivía en Misuri. Misuri era un estado esclavista. El dueño de Scott se mudó al estado libre de Illinois y después al territorio libre de Wisconsin. Llevó a Scott con él. Esto quería decir que Scott vivía en un lugar donde la esclavitud estaba en contra de la ley.

Con la ayuda de algunos abolicionistas, Scott demandó por su
bertad. Consideró que debía ser libre ya que había vivido en un
stado libre y en un territorio libre.

En 1857, el caso llegó a la **Corte Suprema** de Estados Unidos.
Después de un juicio, los jueces determinaron que los esclavos
ran propiedad. Y los esclavos no tenían derechos según la
Constitución. Era ilegal que los esclavos demandaran en tribunales
orque no eran **ciudadanos**. Scott continuó siendo esclavo.

Scott perdió el caso en la corte. Pero este caso fue muy
mportante en los años que precedieron a la guerra de Secesión.
Enfadó mucho a los abolicionistas
del Norte. Además, amplió aún
más la brecha entre las dos partes
del país.

Avances y retrocesos

El caso de Dred Scott comenzó en 1846. Inicialmente, se dictaminó que debía ser liberado. Después, la Corte Suprema de Misuri revocó la decisión. Entonces, Scott **apeló**. Esto significa que le pidió a los tribunales que estudiaran su caso nuevamente. El caso llegó a la Corte Suprema. Todo el proceso tomó 11 años.

El asalto de John Brown

Un abolicionista llamado John Brown creía que la esclavitud era un pecado. Sentía que estaba haciendo la voluntad de Dios al intentar ponerle fin a la esclavitud. Brown reunió a un pequeño grupo de hombres blancos y negros. Su plan era asaltar un **arsenal** en Harper's Ferry en Virginia. Quería robar las armas y dárselas a los esclavos. Brown esperaba liderar a los esclavos en una **rebelión** contra sus dueños.

John Brown

Opiniones

Algunas de las personas que estaban en contra de la esclavitud creían que el asalto de Brown había sido un crimen. Frederick Douglass le advirtió a Brown antes del asalto. Douglass le había dicho a Brown que su plan fallaría. A Douglass le preocupaba que el asalto enojara a la nación y que fuera una trampa para Brown.

Washington capturado

John Brown tomó algunos **rehenes** durante su asalto. Un hombre llamado Lewis Washington fue uno de ellos. Era hijo de un sobrino-nieto del presidente George Washington. Brown le robó la espada de George Washington y la llevó en la cintura durante el asalto.

En octubre de 1859, Brown asaltó el arsenal de Harper's Ferry. Cuando los habitantes descubrieron lo que había sucedido, hubo disparos y peleas. Murieron más de 17 hombres. Brown y sus hombres se escondieron en una vieja estación de bomberos.

El presidente James Buchanan le ordenó al coronel Robert E. Lee que pusiera fin a la rebelión. Lee y sus soldados viajaron hasta Harper's Ferry y detuvieron la lucha. John Brown fue llevado a prisión. Lo declararon culpable de **traición**, **conspiración** y asesinato. John Brown murió en la horca el 2 de diciembre de 1859.

▼ Los soldados forzaron a los hombres de Brown a salir de su escondite.

◀ El senador Stephen Douglas fue un orador público muy poderoso.

Los debates Lincoln-Douglas

En 1858, Abraham Lincoln se postuló contra Stephen Douglas para representar a Illinois en el Senado. Tuvieron muchos **debates** en su estado natal. Sus debates fueron famosos. Douglas ganó esta elección. Luego, en 1860, los dos hombres volvieron a enfrentarse en las elecciones, esta vez para presidente. Lincoln ganó en esta oportunidad.

Lincoln y Douglas tenían opiniones muy diferentes sobre la esclavitud. Douglas decía que la esclavitud debía continuar en los estados donde la **mayoría** de los habitantes así lo quería. No creía que los negros y los blancos fueran iguales. Douglas pensaba también que solo los hombres blancos debían ocupar cargos en el gobierno.

Lincoln estaba en contra de la esclavitud. Consideraba que los negros debían tener los mismos derechos que los blancos. Dijo: "Creo que este gobierno no puede sostenerse permanentemente mitad libre y mitad esclavo . . . Se convertirá en una cosa o en a otra". Lincoln no creía que los habitantes de Estados Unidos pudieran continuar peleando como lo estaban haciendo. Pensaba que el país debía tener todos los estados esclavistas o todos los estados libres.

La esclavitud en Illinois

La esclavitud era ilegal en Illinois, el estado donde vivían ambos, Lincoln y Douglas. Pero muchos de los que allí vivían eran **prejuiciosos** respecto a los negros. No se les permitía votar, ir a la escuela, ni ocupar cargos públicos en Illinois.

◀ Lincoln y Douglas debatieron por todo Illinois.

Lincoln es elegido

Lincoln era el candidato republicano para la presidencia en 1860. Este era un partido político nuevo. Este partido estaba en contra de la esclavitud. Pero Lincoln no había planeado intervenir con la esclavitud donde ya existía. Decía: "No tengo derecho legal para interferir con la esclavitud". Su objetivo era evitar que la esclavitud se extendiera hacia el Oeste.

Sobre todas las cosas, Lincoln quería evitar que la Unión se separara. Citó la Biblia y dijo: "Una casa dividida contra sí misma, no puede permanecer". Decía que mantendría la Unión como una sola, incluso si eso significaba ir a la guerra.

Cartas de odio

Abraham Lincoln recibió muchas cartas de enfado durante la elección de 1860. A algunos sureños les enfadaba que se opusiera a la esclavitud. Algunos norteños también le enviaban cartas con quejas. Temían que Lincoln destruyera la Unión.

Lincoln se postuló a ▶ presidente en 1860.

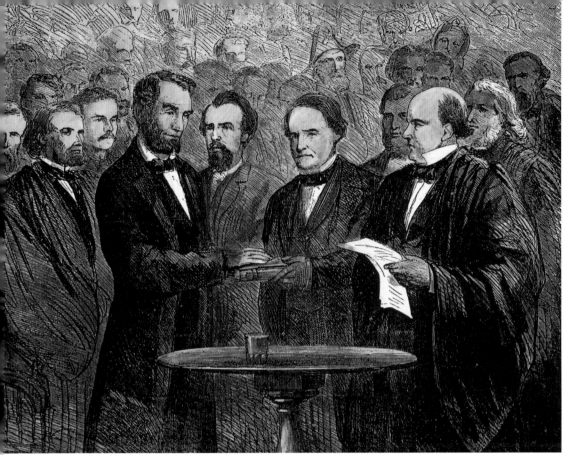

▲ El presidente Lincoln presta juramento de su cargo en 1861.

Lincoln obtuvo menos de la mitad de los votos de la elección. En el Sur, su nombre ni siquiera estaba escrito en algunas de las **papeletas**. No obstante, ganó la mayoría de los **votos electorales**. Entonces, se convirtió en el decimosexto presidente de Estados Unidos.

Lincoln disfrazado

Lincoln tuvo que disfrazarse para viajar a Washington a asumir el cargo. Viajó de noche debido a las amenazas de muerte. La esposa de Lincoln, Mary Todd Lincoln, tenía muchas pesadillas sobre estas amenazas.

El país se divide

Los sureños estaban enfadados por la elección de Lincoln como presidente. Pensaban que el gobierno no debía meterse en sus vidas. Seguían enfadados por el compromiso de Misuri de 1820. Y creían que el compromiso de 1850 había beneficiado demasiado al Norte. Sentían que estas leyes amenazaban sus derechos y libertades.

Carolina del Sur se separó de la Unión en diciembre de 1860. Ocurrió justo después de que Lincoln fue elegido presidente. Lincoln esperaba que ningún otro estado se separara. Al poco tiempo, más estados siguieron el ejemplo de Carolina del Sur. Estos estados formaron los Estados Confederados de América (o CSA). Jefferson Davis se convirtió en el presidente de este nuevo país.

▼ Davis jura como presidente de CSA

Jefferson Davis

El gobierno confederado tomó el control de fuertes, oficinas postales y otros lugares gubernamentales en el Sur. Los Estados Unidos de América ya no estaban unidos. La guerra de Secesión estaba a punto de comenzar.

▼ Este mapa muestra cómo estaba dividido el país durante la guerra de Secesión.

SECESIÓN DE LOS ESTADOS SUREÑOS

Todos votaron "sí"

Carolina del Sur fue el único estado en el que todos los representantes votaron a favor de la separación. Todos los demás estados tenían algunos representantes que votaron en contra.

Glosario

abolicionistas: personas que querían poner fin a la esclavitud

apeló: pidió la revisión de una decisión de un tribunal a un nivel superior del sistema de justicia

arsenal: un lugar en el que se guardan las armas y pistolas

ciudadanos: personas que son miembros de un país

compromisos: cuando cada lado cede un poco para llegar a un acuerdo

conspiración: un acuerdo secreto entre personas para hacer algo ilegal

Corte Suprema: el tribunal máximo de Estados Unidos

debates: conversaciones formales entre personas sobre asuntos importantes

mayoría: más de la mitad

papeletas: papeles que se usan durante una elección para registrar los votos

plantaciones: grandes granjas que producen cultivos por dinero

prejuiciosos: que tienen una opinión injusta de alguien

rebelión: acción de mostrar las ideas o el enojo sobre algo con lo que no se está de acuerdo

rehenes: prisioneros que se mantienen para que un grupo consiga lo que quiere

representantes: personas que hablan en nombre de un grupo más grande de personas

separarse: dejar algo o romper con algo; estados que dejan la Unión

territorios: áreas de tierra controladas por un país, pero fuera de las fronteras de ese país

traición: conspirar en contra de un gobierno; no ser leal a un gobierno o la patria

votos electorales: los votos de las personas que eligen al presidente como parte del Colegio Electoral